poemas para la nación · poems for the nation

x/ex/exis

poemas para la nación · poems for the nation

raquel salas rivera

Bilingual Press/Editorial Bilingüe

TEMPE, ARIZONA

Library of Congress Control Number: 2019955535

ISBN 978-1-939743-30-5

Front cover art by Bernardo Bagulho
Cover and interior design by John Wincek
Author photo by Kielinski Photography

PRINTED IN THE UNITED STATES OF AMERICA

Bilingual Press/Editorial Bilingüe

Publisher
Gary Francisco Keller

Executive Editor
Karen S. Van Hooft

Address
Bilingual Press
Hispanic Research Center
Arizona State University
PO Box 875303
Tempe, Arizona 85287-5303
(480) 965-3867
http://bilingualpress.clas.asu.edu

para los leones del zoológico de mayagüez
que esperan la transmogrificación en cautiverio

for the lions of the mayagüez zoo
who wait for transmogrification in captivity

índice/table of contents

exis

agradecimientos/acknowledgments

i'd like to thank the following journals and magazines
for publishing early versions of some of these poems:

Boston Review

HOLD: A Journal

Círculo de Poesía

Cloud Rodeo

DREGINALD

NO TOKENS

Origins Journal

Aspasiology

Black Warrior Review

me gustaría agradecer a mis abuelas por todo lo que me enseñaron, a pesar de nuestras diferencias, a mis tíos por mostrarme que la masculinidad no tiene que ser tóxica, a mi familia extendida por siempre preocuparse por mi bienestar, a luis ortiz por la amistad y el amor incondicional. también a mis amigos en puerto rico, gente linda como angelía rivera, gaddiel francisco ruiz rivera, ana portnoy, cindy jiménez vera, nicole cecilia delgado y muchos más. no sé qué haría sin ustedes.

t hank you, alberto ríos, for selecting this manuscript for the ambroggio prize. it means a great deal to me that the first prize of this scale, for a book written in spanish and translated into english, be given to a book that is about being non-binary in and through both languages. i'd also like to thank all the wonderful people who helped me survive 2018, especially denice frohman, tania marrero ríos, joey de jesus, angel dominguez, grimaldi baez, carina del valle schorske, ricardo maldonado, erica mena, ca conrad, molly webb, vanessa angélica villarreal, and my mother.

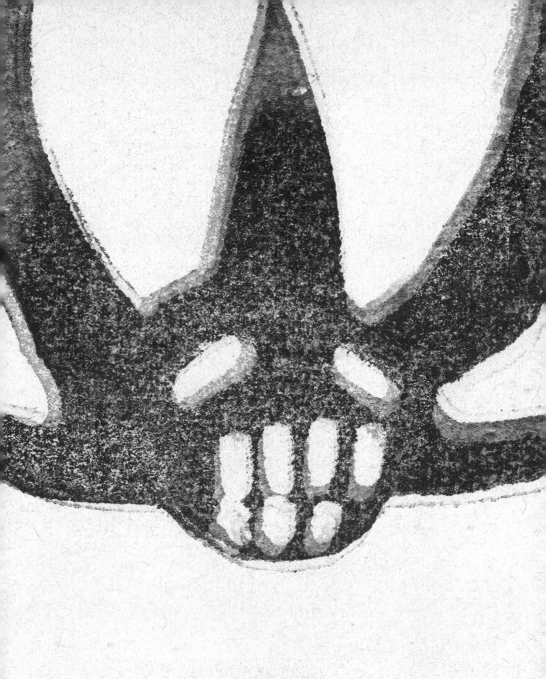

notas sobre las temporadas

en el español no nos damos naturalmente. las temporadas sirven para diferenciarnos de las personas naturales. cuando no hay temporadas, digamos, cuando somos de un país caribeño, mejor, cuando somos de un territorio, no se nos permite usar la x, excepto para la palabra *xilófono*, porque ¿quién usa xilófono? ¿y quién nos quiere? cada vez que piensas que estas preguntas no son la misma, reconoces que nunca me conociste.

si voy a explorar mi nacionalidad, tengo que ser reconocible. eso lo saben todos. de hecho, si no me reconoces, es como si no tuviera nación.

les escribí lo siguiente en una carta a los leones del zoológico de mayagüez:

> sé que en estos momentos son leones y llevan mucho tiempo en el calor, pero cuando sean culebras, no habrá verja que los contenga. tendrán que ponerlos en una jaula de cristal. a esta jaula le llaman pecera. decorarán la jaula con piedras. ya no podrán rugir. pero tranquilos, que cuando sean arañas, podrán salir de la pecera. subirán hasta el techo. quizás les tome varias semanas encontrar la ventana, pero en el ínterin, comerán mosquitos, pues estos abundan.

les escribí esta carta porque sé lo que es esperar la transmogrificación.
les escribí esta carta porque sé lo que es esperar la transmogrificación
en cautiverio.
fuera de la pecera, hay un cuarto. fuera del cuarto, hay un zoológico. fuera del zoológico, hay un pueblo natal. fuera del pueblo natal, hay una colonia. fuera de la colonia, hay un imperio. fuera del imperio, vive el rey de las temporadas. si matas el rey, matas el juego.

notes on the seasons

in spanish, we don't naturally occur. the seasons differentiate us from natural people. when there are no seasons, let's say, when we are a caribbean country, better yet, when we are from a territory, we aren't allowed to use the *x*, except for the word *xilófono*, because who uses a xylophone? and who wants us, who loves us? every time you think these questions aren't the same, you recognize that you never met me.

if i'm going to explore my nationality, i have to be recognizable. everyone knows this. in fact, if you don't recognize me, it's as if i had no nation.

i wrote the following in a letter to the lions of the mayagüez zoo:

> i know that right now you are lions, and you've spent a lot of time in the heat, but when you become snakes, no fence will be able to contain you. they'll have to put you in a glass cage. they call this cage a fishtank. they'll decorate the cage with rocks. you'll no longer be able to roar. but don't worry, when you become spiders, you'll be able to leave the fish tank. you'll climb up to the roof. maybe it'll take you many weeks to find the window, but in the interim, you'll eat mosquitos, since these are abundant.

i wrote them this letter because i know what it's like to wait
for transmogrification.
i wrote them this letter because i know what it's like to wait
for transmogrification in captivity.
outside of the fish tank, there is a room. outside of the room, there is a zoo. outside of the zoo, there is a hometown. outside of the hometown, there is a colony. outside of the colony, there is an empire. outside of the empire lives the king of seasons. if you kill the king, you kill the game.

las memorias de la hija buena

pitorro es lo que usan las vacas para recordar el día.
el vino de dios cuelga de los balcones para señalar que es seguro.
los turistas compran toallas con cotorras,
de camino a mi pueblo,
si es que pasan por mi pueblo.

mi pueblo no es sino el pueblo de mi madre.

vamos al correo de añasco.
existen las gestiones.
tengo pelo todavía.
me reconocen como la nieta de sotero.
subimos escaleras hasta un sofá atabacado
con patrón de flores marchitas
como si esto fuese *maría*.
sacan café y galletas de esporsoda.
escucho nombres irreconocibles.
aprendo que estos son mi sangre.
no hablo este idioma,
pero me prestan las palabras.
¿cómo está yoli? ¿y la escuela?

mi primera novia es de un pueblo similar.
nos texteamos en el baño.
le digo que la extraño.
me dice que van al retiro de la iglesia.
cuando salgo, mi cuerpo se amolda
a ciertas expectativas de la postura.

las dimensiones de la mañana son *tricky*,
una palabra adquirida en california o nebraska.
significa que entran y salen los tíos de la casa,
y no puedo sentarme a ver televisión sola.

memories of the good daughter

pitorro is what cows use at night to remember day.
god's wine hangs from balconies to signal it's safe.
tourists buy towels with parrots,
on their way to my town.
if they even pass through my town.

my town, which is my mother's town.

we stop by añasco's post office.
we have a task list.
i still have hair.
they recognize me as sotero's granddaughter.
we climb the stairs up to a tobaccoed sofa
full of withered flowers as if this were *maría*.
they bring us coffee and soda crackers.
i listen to unrecognizable names,
and learn these are my blood.
i don't speak this language,
but they lend me the words.
how is yoli? and school?

my first girlfriend is from a similar town.
we text each other in the bathroom.
i tell her i miss her.
she tells me they're going to the church retreat.
when i come out, my body molds itself
to certain postural expectations.

morning's dimensions are *tricky*,
a word i acquired in california or nebraska.
it means my uncles enter and leave the house,
so i can't watch tv by myself.

los múcaros dividen el terreno entre los primos.
vuelan según las líneas trazadas por el acuerdo.
bajo a comprar huevos y de camino
bajo la ventana del asiento delantero
para que entre la humedad
con la luz de melocotón frío.

no entiendo bien qué clase de recuerdos se supone que tenga.
¿una donde no fui con mi novio cada viernes al cine,
donde no pasé tiempo mirando zapatos o comiendo en el mesón?

quizás una donde no le mentí a mi familia por años,
fingiendo que era la hija buena,
o una donde no me dicen que está bien,
mientras salen al patio a cuidar las matas.

la mano de mi abuela en mi mentón me dice *qué linda*.
con este logro, descansan los fósiles y despierto.
pero no dormía, ni era buena, ni era hija.

múcaros divide the land amongst cousins.
they fly according to lines drawn in the treaty.
i go into town to buy eggs and on the way
i roll down the front seat window so the humidity
can enter with cold peach light.

i don't understand what sort of memories i'm supposed to have.
one where i didn't go with my boyfriend to the movies every friday,
where i didn't waste time looking at shoes or eating at el mesón?

maybe one where i didn't lie to my family for years,
faking i was the good daughter,
or one where they don't tell me it's ok,
as they step outside to water the plants.

my grandmother's hand on my chin says *qué linda*.
with this accomplishment, the fossils rest and i rise.
but i wasn't asleep, nor good, nor a daughter.

flores

el dedo llora ríos de limones aclimatados,
la intervención que hace la voz contra el hada podadora,
el vendaje del brazo, arropando.
las servilletas, de qué sirven si no absorben
el gran abandono cis y el éxodo eventual
de los que aman continuamente.

el venado se ahoga entre los conos del pino,
la sala de emergencia y el whiskey.

me prometieron que me darían galletas de avena
si me portaba bien
y un salón de belleza
donde podía reclinar mi orificio sudado.

mi amiga gritaba,
    espero que ese me mate,
    pero tú, tú no eras mi enemiga,
    y tus medias largas parecían
    imperdibles de tela, carpas,
    y nos acampamos
    en las ollas y en el fuego.
mi amiga gritaba, *también existo,*
    aunque no tenga crica,
    también mataría a tu padre.
y lloraba, y llorábamos.

cuando la sangre era verde y larga: un tiburón enfermo,
cuando el centauro se comía a los niños del mar,
cuando los caballos eran también sirenas,
y nos moríamos contra las rocas,
        contra el morro rancantán.
bá ja le decía el cucubano
atrapado en el aire.

flowers

the finger cries rivers of acclimated lemons,
the voice's intervention against the mower fairy,
the arm's bandage, wrapping.
the napkins, what are they for, if they don't absorb
the great cis abandonment and the eventual exodus
of those who continually love.

the deer drowns amidst pinecones,
the emergency room, and whiskey.

they promised me oatmeal cookies
if i was good,
and a beauty salon
where i could lean my sweaty orifice.

my friend screamed,
 i expect him to kill me,
 but you, you weren't my enemy,
 and your stockings looked like
 cloth safety pins, tents,
 and we camped
 in the pots and the fire.
my friend screamed, *i also exist,*
 even with no pussy,
 i would also kill your father.
and she cried, and we cried.

when the blood was green and long: a sick shark,
when the centaur ate the seachildren,
when the horses were also mermaids,
and we died against the rocks,
  against the morro rancantán.
bring it down said the cucubano,
trapped in the air.

en el evento decía *también somos mujeres.*
luego decía que *sí son mujeres,*
    pero ese no es mi problema.
en el eventualmente-será-nuestro-problema
llamado evento,
quemaron unas pantis pensando
que eso nos espantaría,
pero seguimos escupiendo espejos.
por error pensábamos que pertenecíamos
a su exclusión.

su jé ta me, es decir,
préstanos el micrófono un rato,
en vez de presentarme a tu primo.
los primos prestan carros
y compran cervezas,
pero sólo quiero dedicarle
una canción a mi jeva en paz,
sin que me pidan el carnet de género,
o me digan que somos como flores,
o no somos.

on the event flyer it said *we are also women.*
later it said that *yes, y'all are women,*
   but that's not my problem.
in the it-will-eventually-be-our-problem
called event,
they burned some panties thinking
it would scare us away,
but we kept spitting out mirrors.
by mistake we thought we belonged
to their exclusion.

sub ject me, in other words,
lend me the microphone for a while,
instead of introducing me to your cousin.
the cousins lend cars
and buy beers,
but i only want to dedicate
a song to my jeva in peace,
without being asked for my gender licence,
or being told we are like flowers,
or we aren't here.

la cortadura

x

un extraterrestre finge
crecer yautías en casa de mi abuela;
un velociraptor consume gallinas;
una adivinación se escapa
de la jaula veraniega
de conocer a los primos.

xx

a veces el único deseo reconocible
                          es materno
(mi madre diciéndome *hija*
a pesar de mis correcciones;
el cliché trans de la blusa
que me sirve pero no me queda.
aunque pienses que es un favor,
por favor, no quiero obsequios.)

          con la anestesia,
          se siente como una quemazón
          quitarme la ropa.

xxx

quiero que mis amistades me quieran
          pero ¿cómo se hace eso?
que nunca me digan *mija*,
asuman que tengo a dónde irme
cuando la jeva me bota,
o que la madre que me da el abrazo
más abrazo del parque,
sepa que no hay continuidad
entre sus fotos
y los collages en mi estuche de emergencia:
          los parchos contra el suicidio.

the cut

x

an alien fakes
growing yautías at my grandmother's house;
a velociraptor eats chickens;
a prophecy escapes
the summer cage
of meeting one's cousins.

xx

sometimes the only recognizable desire
                              is maternal
(my mother calling me *daughter*
despite my corrections;
the trans cliché of the blouse
that fits but doesn't look right.
even if you think it's a favor,
do me the favor: no gifts.)

        with anesthesia,
        taking off my clothes
        feels like a sunburn.

xxx

i want my friends to love me,
        but how does one do that?
i want them to never say *mija*,
assume i have somewhere to go
when my jeva kicks me out,
or that the mother that gives me
the strongest embrace in the park,
knows there's no continuity
between her photos
and the collages in my emergency kit:
        patches against suicide.

si sobrevivo la pregunta
¿te gusta?,
sobreviviré
mi cumpleaños
en familia.

venirme
es tan complicado
como lograr
que digas mi nombre
con las manos.

lograr que digas mi nombre
es tan complicado
como venirme
sin que me toques.

una gallina cava un hueco
entre las raíces de la ceiba;
mi abuela le dice que hay café,
pero no quiere salir
de la tierra.

las llamadas entran,
pero no sale de la casa.
no se asemeja a un entierro
estar tan adentrada,
más bien
la tierra es fría
cuando el calor es sofocante.

if i survive the question
do you like this?
i'll survive
my family
birthday.

coming
is as complicated
as getting you
to say my name
with your hands.

getting you to say my name
is as complicated
as coming
without your touch.

a chicken digs a hole
amidst the ceiba's roots;
my grandmother says there is coffee,
but it doesn't want to come out
of the earth.

the calls come in,
but it doesn't leave the house.
to be so within
is not like a burial,
more like
the earth is cold
when heat suffocates.

el calor del abrazo tan codiciado,
siempre es sofocante

porque quien da es igual a sí,
pero nunca igual a ti.

xxxxxxx

si no entiendes que hablo de este género,
es porque no has visto las estadísticas que dicen
que es probable que no sobreviva
los cambios climáticos
que albergo en el pecho.

xxxxxxxx

la palabra *cortar*
no debería aparecer en este poema,
sin que sepas
que me cuesta cada sílaba
de cada una de tus palabras
contestatarias.

xxxxxxxxx

caigo entre los brazos
de quienes me aman,
justo a tiempo,

y rechazo su amor
porque soy malagradecida.

por una palabra/
partida/

en mitades
que no me completan,

the heat of the coveted embrace
always suffocates

because the giver knows their self,
but never yours.

xxxxxxx

if you don't understand i'm talking about this gender,
it's because you haven't seen the statistics that say
i probably won't survive
the climatic changes
i harbor in my chest.

xxxxxxxx

the word *cut*
should not appear in this poem,
without you knowing
that each syllable
of every contestatory word,
costs.

xxxxxxxxx

i fall in the arms
of those who love me
just in time,

and reject their love
because i am ungrateful.

over a word/
split/

in halves
that don't complete me,

por un pronombre,
        un adjetivo.

los requisitos para ser amadx
son: ser amada.

nunca seré amada,
aunque me amen.

a los 18 años escribí por primera vez:
no me quiero así,
pero así me quieres.

over a pronoun,
        an adjective.

                                                  xxxxxxxxxx

the requirements for being amadx
are: being amada.

i'll never be amada,
even if i'm loved.

for the first time, at 18, i wrote:
i don't want myself like this,
*but this is the way you love me.**

**i don't love myself like this,*
but this is the way you want me.

they

¿de qué comemos cuando muere un nombre?
ayer pasó tu madre pero no me reconocía
como la amiga de tu amiga, la previa.
¿de qué se trata tener una amiga muerta
en la cartera con la foto de un niño raptado?
¿has visto a mi hijo?
es bajito y colecciona fotografías de columpios.

mi pelo corto no es profesional;
el tuyo largo no te prepara.
entre los dos, averiguamos cómo fingir
que somos marionetas y no personas.
es difícil llevar la cuenta de los días
desde la última vez que salimos.

¿de qué se trata salir a la calle
y tener que explicar que
no sólo no eres aquella
tampoco eres aquello?

en este, nuestro idioma,[1]
no existe un plural que no me niegue.

---

[1] nuestro idioma es el español. nuestro, pero no exactamente el mío.

raquel salas rivera

they

what do we eat when a name dies?
yesterday your mother stopped by, but she didn't
recognize me as your friend's friend, the previous one.
what is that about, having a dead friend
in the wallet with a picture of a kidnapped kid?
have you seen my son?
he is short and collects photos of swings.

my short hair isn't professional;
your long hair doesn't prepare you.
between the two of us, we figure out how
to fake we are marionettes, not people.
it's difficult to count the days
since the last time we went out.

what is that about, going out
and not having to explain
you aren't that her
or that thing?

in this, our language,[1]
there exists no plural that doesn't deny me.

---

[1] our language is spanish. ours, but never quite mine.

entrada

(el barbero pensaba que estaba buena
y permitió que entrara a la barbería,
a pesar de la violencia constitutiva del género,
mediante la violencia constitutiva
                                    del género).

entrance

(the barber thought i was fine
and let me enter the barber shop,
despite the constitutive violence of gender,
via the constitutive violence
                                  of gender.)

si el tiempo es cuir/y la memoria es trans/
y me duelen las manos en el frío/entonces

hay maneras de doler hoy por hoy
y mañana ni saber cómo fue.

duele como nunca cuando el siempre es ahora,
ahora como nunca se da.

no hay manera de mañana, ni forma de hoy
sólo como siempre teniendo que ir
desde y hacia un futuro no sé,
para nunca mirar de nuevo
al sí;

y si el siempre es como nunca pensé,
dolerá con dolor de antier.
tendrá que tenerme con sí:
todo no da del porqué.

es mucha la fe que me dio el vivir,
pero más la duda que deshizo al saber,

pues hoy por hoy es seguro el placer
del siempre tener que empezar.

raquel salas rivera

if time is queer/and memory is trans/ and my hands hurt in the cold/then

there are ways to hold pain like night follows day
not knowing how tomorrow went down.

it hurts like never when the always is now,
the now that time won't allow.

there is no manner of tomorrow, nor shape of today
only like always having to leave
from and toward the future's could-be,
in order to never more see
the sí;

and if forever proves me wrong,
it'll hurt with the hurt of before the before.
it'll have to take me along:
all the never-enough of why and therefore.

life has given me much to believe,
but more is the doubt that undid what i know,

for, like night follows day, the pleasure is sure,
of forever beginning once more.

notas en el tiempo

x

el personaje conecta
un pitipuá al cerebro de una rata,
cuya virtuosidad es un alambre desinsaculado.

a cambio sacrifican un sato a la deidad de la lluvia,
cosa mojada que ladra,
abriendo de par en par los sustos.

xx

a 3.000 años luz,
el perro se metamorfosea en un edificio robot
        que cruza el río terruño,
        frasquito de maderas y conjuros sucios.

tampoco se irán los pámperes con los pantanos.

xxx

en la novela que se parece al futuro,
el futuro desaparecerá para ciertos mundos;
pero en la realidad futura,
ciertos mundos desaparecerán para darnos
3.000 palos de valemos.

xxxx

qué bien que terminamos de conflagrar
los actores ricos con los vendedores de latas.

cada vez importaba menos si estaba escrito
que mataríamos al presidente con nuestras malas vibras.

xxxxx

un espiritista reconstruyó
un plan de la ciudad de san juan o miami,
pero no supo decir cuál era.

notes in time

x

the character in the novel connects
a pea to a rat's brain,
whose virtuosity is a deinsulated wire.

in exchange, we sacrifice a stray to the rain deity,
a wet, barking thing,
swinging open the frights.

xx

3.000 years in the future,
this dog becomes a robot-building
          that crosses a river of land,
          jars of lumber and dirty incantations.

nor will pampers disappear with swamps.

xxx

in the novel that resembles the future,
certain worlds lose their futures,
but in the future reality,
certain worlds disappear so we can drink
3.000 shots of self worth.

xxxx

thank fuck we finished conflagrating
rich actors with can sellers.

each time it matters less if it was written
that we'd kill the president with our bad vibes.

xxxxx

a spiritist reconstructed
a city blueprint for san juan or miami,
but couldn't tell us which.

encontraron su cuerpo entre las ruinas de la ciudad
que no era san juan ni miami.

antes de morirse, le contó a nadie
que muñoz marín se había comunicado,
mediante un túnel espiritista subterráneo,
con david bowie.
envejecido y desorientado,
luisito confundió al cantante con un ancestro
e intentó un suicidio genealógico preventivo.

xxxxxx

en la novela,
este personaje no es espiritista,
sino la esposa de muñoz marín.

aprendió a culminar temporalidades
antes de meter los bloques de la próxima dimensión
en su garaje.

quería usar sus poderes para robarle a su esposo,
y utilizar el dinero para renovar varios cines antiguos.
renació como estrella del cine mudo,
pero no como persona.

xxxxxxx

para el 2018, rescaté un velorio,
cuya encarnación repentina en athens, georgia,
me expuso como agente transtemporal.

xxxxxxxx

en la novela, el debate
la guayaba como cuaderno
            vs
la guayaba como plato principal
se tornó en una discusión

raquel salas rivera

we found his body in the ruins of a city
that wasn't san juan or miami.

before dying, he told no one
that muñoz marín had communicated,
via a spiritual subterranean tunnel,
with david bowie.
old and disoriented,
luisito confused the singer with an ancestor
and attempted a genealogical, preventive suicide.

                                        xxxxxx

in the novel,
this character is not a spiritist,
but rather muñoz marín's wife.

she learned to culminate temporalities
before putting the blocks of the next dimension
in her garage.

she wanted to use her powers to steal from her husband,
and use the money to renovate various old cinemas.
she was reborn as a silent film star,
but not a person.

                                        xxxxxxx

by 2018, i rescued a wake,
whose sudden incarnation in athens, georgia,
exposed me as a transtemporal agent.

                                        xxxxxxxx

in the novel,
the *guayaba as notebook*
        vs
guayaba as main course debate
turned into a discusión

sobre la posibilidad
que detroit fuese
un feto cósmico.

en la novela,
se dice *guava* con seriedad,
pero en el futuro,
releo la novela y me encabrono.

xxxxxxxxx

dos tercios de mis poemas
son el producto alucinógeno
de una intervención extraterrestre
que todavía desemboca en las nubes de spicer,
que desembocan en las introducciones de lorca,
quien murió.

el otro tercio sale de un sueño
donde martí me regaló la clave
para deshacer
el sufrimiento animal que somos.

xxxxxxxxxx

muchos piensan
que el tiempo es una sustancia.
esta conclusión no se la deben
a los castillos medievales,
cuya paredes contenían hedores
que ni el viento.

tampoco se la deben
a los cultos a los diners
de nueva jersey.

about the possibility
that detroit
might be a cosmic fetus.

in the novel,
they seriously say *guava*,
but in the future,
i reread the novel and get pissed.

                                        xxxxxxxxxx

two thirds of my poems
are the hallucinogenic product
of an alien intervention
that still pours out into spicerian clouds,
that still pours out into introductions by lorca,
who died.

i derive the other third from a dream
in which martí gave me the code
for undoing
the animal suffering we are.

                                        xxxxxxxxxxx

many believe
that time is a substance.
they don't owe this conclusion
to medieval castles,
whose disgusting walls absorbed stenches
that not even the wind.

nor do they owe it
to cults
to new jersey diners.

el tiempo no es sustancia
porque el tiempo
es como si el cementerio de la perla
no fuese magia,
como si le dieras un nombre
al conjunto de mares
enredados en las ramas,
como si las ramas tuviesen árbol
y ese árbol fuese tu niñez.

dentro de mi estuche,
las arañas compiten con las hormigas,
empacando cortinas respiratorias,
pero quien gana
es el tiempo.

xxxxxxxxxxx

en la novela,
los agentes transtemporales son sangüicheros
y los sángüiches son multas.

en la novela,
la ley es ley,
pero no hay que seguirla.

los personajes puertorriqueños llegan a tiempo.
por eso es una ficción.

xxxxxxxxxxxx

en el futuro, no hay novela,
no hay presidente,
no hay colegio electoral,
definitivamente no hay que manejar
hasta los suburbios
a buscar teles.

time is not a substance
because time
is as if la perla's cemetery
were not magic,
as if you gave a name
to the sea ensemble
tangled in the branches,
as if these branches had a tree
and that tree were your childhood.

in my briefcase,
spiders compete with ants,
packing respiratory curtains,
but time
is the winner.

xxxxxxxxxxxx

in the novel,
the transtemporal agents are sangüicheros,
or sandwich makers,
and the sandwiches are tickets.

in the novel,
the law is the law,
but the law that no one has to follow.

the puerto rican characters arrive on time.
this is why it's fiction.

xxxxxxxxxxxxx

in the future, there is no novel,
there is no president,
there is no electoral college,
definitely, there is no need to drive
to the suburbs to find cloths.

algunas personas piensan
que el tiempo es un venado disecado
que se cultiva para hacer perfume,
pero no saben nada sobre el tiempo,
ni cómo colapsar contra las vitrinas
para activar las alarmas.

some people think
time is a dissected deer
used to make perfume,
but they know nothing about time,
nor how to collapse against shop windows
in order to sound the alarms.

ex

(la cinta/the ribbon)

en las cintas más lindas

encuentro los nombres de

                   las

                            asesinadas

en las cintas más lindas

            pero lindas

encuentro las niñas que desenredan

sus manos de los muebles encantado(re)s

el confeti de nieves específicas

la especialización de lo corrosivo

antelaciones de torres mensajeras

palomas que reemplazan

maravillas y cerros

          apuntadas

las musas coartan los embarazos de filas

retrospectivamente cuentan días

12 desde el último cohete valiente

es la señal de que el reino se derrumba

on the prettiest ribbons

i find the names of
>   murdered

>   girls

on the prettiest ribbons
>   the prettiest
i find the girls that unknot
their hands from the enchant(ing) couches
confetti of specific snow
corrosive specialization
advanced notice from messenger towers
pigeons that replace
maravillas y cerros
>   jotted up
muses restrict the pregnancies of waiting lines
retrospectively count the days
12 since the last brave rocket

the signal that the kingdom crumbles

una cinta repetida

no necesita del sobaco doblado del mar en la noche
se independiza de los mariposarios estatales
todas las criaturas del bosque se reúnen en la leyenda
para susurrarse materiales gelatinosos
la tierra se derrite
nos morimos
nunca aprendimos a compartir nuestras monedas
con los demás metales
ni a fundir las alegorías
pisar no es sembrar
pero cómo nos hubiese conducido
al pulpo habitual del más y más

raquel salas rivera

a repeated ribbon

doesn't need the folded armpit of the night sea
it separates from the state's butterfly pens
all the forest creatures meet in the legend
to whisper gelatinous materials
the earth melts
we die
we never learn to share our coins
with other metals
or fuse allegories
to step is not to plant
but oh how it would have lead us
to the habitual octopus of more and more

el largo desfile de altoparlantes en duelo

no serás mi última huelga
porque vamos a ganar
aunque tengamos que volver a la ganancia
con latas y descorchar dedicatorias que leen
lo que se pierde es la disrupción
lo que se pierde es todo
pero todo lo que echarás de menos
cuando la nada gane como en el cuento interminable
si existe un mangle de la tristeza
crece entre economía y humanidades
quizás en el sótano llamado cafetería
o en la primera vez que leí
la traducción de la iliada
      gracias profesora
      por explicar el amor entre hombres
      mediante aquiles y su jevo muerto
tuve residencia en la calle humacao como el pueblo
                    en el pueblo
y sigo sembrando cercos traslúcidos
alrededor de la plaza del mercado

raquel salas rivera

a long procession of loudspeakers in mourning

you won't be my last strike
because we're going to win
even if we have to return to earnings
with cans and uncork dedications that read
what we lose is disruption
what we lose is everything
yes everything you'll miss
when the nothing wins like in the neverending story
if a mangrove of sadness exists
it grows between the school of economics and humanities
maybe in the basement we call cafeteria
or the first time i read
the translation of the iliad
      thank you professor
      for explaining love between men
      via achilles and his dead jevo
i lived on humacao street like the town
                  in the town center
and i keep planting translucid fences
around the plaza del mercado

la palabra *recursos* nos selecciona

de entre pasillos y anaqueles
de entre edificios y apartamentos
diciendo
       te necesito amante ornamental del territorio
sigo con mis palabras
por el pasillo y anaquel de la 65 hacia carolina
entre autoparts
liquidaciones y mesones
el cine de viernes los tacos
las camisas planchadas
los nenes en casa de la abuela
la gran tradición del popcorn
y la cerveza más fría
surge con la ola

the word *resources* selects us

from among hallways and shelves
from among buildings and apartments
saying
        i need you ornamental lover of the territory
i keep walking with my words
down the hall and shelf of the 65 towards carolina
between autoparts
final sales and mesones
the movies on friday the heels
the ironed shirts
the kids at grandma's
the great popcorn tradition
and the coldest beer
rises on the wave

al final del mundo hay un hombre

la migraña arrepentida
del montículo de nuestra historia
boquisaturado de tanto sueñolear
con nuestra exterminación

le decimos no
pero el gran NO nos espera
con tijeras de mamut para
cortar la cinta que nos ata
tanto hilvanamiento
y aquí vienen las iglesias
armadas de estados
a contestar las preguntas básicas:
¿de dónde vienen los peces del volcán?
¿dónde abortamos?

at the end of the world there is a man

the regretful migraine
of our history's mound
mouthsaturated from dreamyawning
of our extermination

we say no
but the great NO awaits
with mammoth scissors
to cut the ribbon that ties us
so much basting
and here come the churches
armed with states
to answer the basic questions:
where do the volcano fish come from?
where do we get abortions?

cuando terminó la cinta

este se paró y gritaba
no se trata de los colores de la cinta
entra a la nueva dimensión deja
atrás tu cuerpo

es así que el cuerpo EL cuerpo
cayó en lo más profundo del argumento perfecto
confundido dejó de respirar
atento a las pelaeras y las palas
trataba de recoger la cuchara
pero el tiempo era diferente
era un mejor tiempo diferente

el parado se hundía y gritaba
no se trata de tu nombre
mejórate y libérate de la cinta
que te manda un quién te manda
con corazones limón
no es el color de tu supuesta cinta

EL cuerpo no sabía qué contestar
se sentía exento de los asientos
en los carritos de supermercado
y no podía llegar a la altura de la mesa

when the ribbon ended

this one stood up and screamed
it's not about the ribbon's colors
enter the new dimension leave
behind your body

and this is how the body THE body
fell in the deepest part of the perfect argument
confused it stopped breathing
fixated on brokeness and footsindoors
it tried to pick up the spoon
but time was different
it was a better time different

the one who stood sunk and screamed
it's not about your name
better yourself and free yourself from the ribbon
that sends you a who asked you
with lemon hearts
it's not the color of your supposed ribbon

THE body didn't know how to answer
it felt exempt from the seats
in the supermarket carts
and couldn't reach the table

cuando amarras soga y cinta

para oscar lópez rivera

creas dos nudos
para que puedan subir o bajar
años y nombres

uniendo hebras gruesas y finas
simplicidades y opacidades
dialécticas tensas y resueltas

tus ojos son puños cerrados
que guían tus manos
para que la cinta dure siglos
o hasta que no haya necesidad
de desatar fuerzas
y desarmar estados

when you tie rope and ribbon

for oscar lópez rivera

you make two knots
so that years and names
can climb up or down

uniting thick and thin threads
simplicities and opacities
tense and resolved dialectics

your eyes are closed fists
that guide your hands
so the ribbon may last centuries
or until we have no need
to unleash forces
or unarm states

en puerto rico heredamos tus guerras

maldita sea las peleamos y qué nos diste

debajo de la iglesia de mayagüez hay huesos de taíno
y el padre lo sabe
todos los padres

dijo *toma la cinta y mide las dimensiones de la iglesia*
        dime si vale la pena
        por unos huesos destruir la fe
lo que vi cuando caminaba con mi cinta
eran viejitas sentadas rezándole a papito dios
con lágrimas de fe por sus criaturas
malformadas por el deseo
            aires de mejorar lo que no basta
vi las caras de santos algunos dulces y otros
tan arbitrarios como la abstinencia
más que todo vi el oro la crueldad

volví al padre tras cubrir la iglesia con la cinta
la escena de un crimen
y bendito no le pedí perdón
ni pude explicarle
        el nuevo odio

in puerto rico we inherit your wars

maldita sea we fight them and what did you give us

under the church in mayagüez there are taíno bones
the father knows it
all the fathers

he said *take this ribbon and measure the church dimensions*
        tell me if it's worth
        destroying faith for some bones
what i saw when i walked around with my ribbon
were old women praying to papito dios
with tears of faith for his creatures
malformed by desire
            airs of bettering what isn't enough
i saw the faces of saints some sweet and others
as arbitrary as abstinence
more than anything i saw the gold the cruelty

i went back to the father after covering the church
with the ribbon the scene of a crime
and bendito i didn't ask for forgiveness
nor could i explain
            the newfound hate

cada traducción es una transformación

la gente trans sabe que cada transformación
es como si explotaran triquitraques
en nuestras venas acordeónicas
del ir y venir
de vecindarios y familias
más o menos escogidas
pero cuando sueltas una bomba
no quedan traducciones
antes o después

tiraron una cinta para celebrar el aniversario
del funcionamiento
       las cosas van perfectamente
          los árboles y el viento
siguen tranquilos en los poemas
como brisas o tormentas
una tipa blanca le dedica cosas
a las madres universales

bajo la tutela de melania
beatriz isabel graba videos
donde nos muestra la gran familia
todo tranquilo en los versos
todos ocupados discutiendo
si tal o cual representante
recibirá nuestra llamada

pero las bombas no representan
son como el viento si el viento fuese bomba
no llaman ni te avisan
que quieren café o que venden bizcochos
a cambio de donativos

each translation is a transformation

trans people know that each transformation
is as if they threw firecrackers
in our accordion veins
made of coming and going
from neighborhoods and families
that are more or less chosen
but when you drop a bomb
there are no translations
befores or afters

they dropped a ribbon to celebrate the anniversary
of everything working
            things are going perfectly
                    the trees and the wind
still calm in the poems
like breezes or storms
a white woman dedicates things
to universal mothers

under the tutelage of melania
beatriz isabel records videos
where she shows us the great family
everything good in the verses
everyone busy discussing
if x or y representative
received our call

but the bombs don't represent
they are like the wind if the wind were a bomb
they don't call or let you know
they want coffee or are selling chocolate bars
in exchange for donations

en puerto rico la huelga estalla
pero no es una bomba
en filadelfia los fascistas marchan
por sus derechos y los derechos
de los poemas marchan en los museos
contra la censura
y los poemas marchan en las censuras
sin ser censurados
pero no es una bomba

no sé si me sigues

las bombas son la medida de todo el dolor
habido y por haber
las bombas no lloran
las bombas no escriben poemas
matan a generaciones de escritores
el gobierno las construye
este gobierno
las tira

in puerto rico the strike strikes
but it isn't a bomb
in philly the fascists march
for their rights and the rights
of the poems march in the museums
against censorship
and the poems march in the censorship
without being censored
but it isn't a bomb

i'm not sure if you follow

bombs are the measure of all
past and future pain
bombs don't cry
bombs don't write poems
they kill generations of writers
the government builds them
this government
drops them

existe una playa

donde hombres blancos con escopetas
les disparan a caracoles consanguíneos
que destrozan como amapolas de cristal

le disparan a todo
al mar a las gaviotas
a las piedras
a los volcanes en miniatura
a las deltas
a la nube pasajera que se parece al enemigo

del peso de las escopetas
se quiebran sus muñecas
sus manos rondan por la playa
cuya alga camuflajea la arena
protegiéndola del calor insoportable
de la sangre

las sirenas amputan su pierna singular
queriendo ser bípedas
porque disney les ha dicho
que en la tierra caminamos

desean enredarse en la red
llegar a un patio americano
sazonar todo con sal y pimienta
decir que odian el cilantro

deciden que aunque las maten
valdría la pena arriesgarse
por los niños futuros
que nacerán sin agallas

a beach exists

where white men with shotguns
shoot at consanguineous shells
they destroy like glass poppies

they shoot everything
the sea the seagulls
the stones
the miniature volcanoes
the deltas
the passing cloud that resembles the enemy

their wrists snap
from the weight of their guns
their hands patrol the beach
whose algae camouflages the sand
protecting it from the intolerable heat
of blood

the mermaids amputate their singular leg
wanting to be bipeds
because disney has told them
we walk on earth

they want to get tangled in the net
arrive at an american yard
season everything with salt and pepper
say they hate cilantro

even if they get killed
they decide it's worth the risk
for the future children
to be born without gills

y los hombres con las escopetas las matan
y los hombres con las escopetas se casan con ellas
en la iglesia local
el pastor las limpia de pecado y pasado
induciéndolas al nuevo mundo
de carritos fisher price
vecinos que saludan
y mangles forrados de cruces

and the men with the shotguns kill them
and the men with the shotguns marry them
at the local church
the pastor cleans them of sin and past
inducing them into the new world
full of fisher price cars
neighbors that wave
and mangroves lined with crosses

en peñuelas tumban puertas de activistas

para nina droz franco

arrastran

      arrestan

            asumimos lo peor

pero nina quema hoyos en el aire
y somos también cenizas
de otro fuego

in peñuelas they knock down activists' doors

para nina droz franco

drag

     arrest

          we assume the worst

but nina burns holes in the air
and we are also ashes
of another fire

(fenomenología)

dicen muchas cosas sobre la cinta

uno dice que la cinta tiene uso que la hace

otro que depende de su aparición

otra que la cinta es la sedimentación de la labor de los encintadores

otro que este uso es en efecto (antes de efectuación) una esencia

      entonces si amarras un moño con la cinta

                    si envuelves un regalo con la cinta

si decoras un cuarto con la(s) cinta(s)

éstas constituyen las posibilidades cinta

tienen razón

pero hay cosas que no entiendo

      si lloro con la cinta en mi mano

si pasó cinco horas pensando

en la cinta si le explico a la cinta que no nos llevaremos nunca

         si estoy al lado de la cinta y me invade un fantasma

         si quemo crayolas y las raspo hacia

el pecho en mi pecho para sentir el dolor

para sentir

y la cinta cuelga de mi mahón

      en el carro viajamos tres días y mi peluche tenía una cinta

         pero no pensaba sobre su animalidad

      mientras lo apretaba

ni me pensó quien conducía   luego la cinta se deshizo

y lo pusimos en el baúl

en el baúl mientras comía caramelos

      mientras visitaba el gran cañón

mientras mi madre bebía café gringo

                                                                        raquel salas rivera

(phenomenology)

they have much to say about the ribbon
one says the ribbon has and is made by use
another that it depends on its apparition
another that the ribbon is the sedimentation of the ribbon-makers' labor
another that this use is in effect (before effectuation) an essence

      therefore if you tie a ponytail with the ribbon
                      if you wrap a gift with the ribbon
if you decorate a room with the ribbon(s)

these constitute ribbon possibilities

they're right
but there are things i don't understand

      if i cry with the ribbon in my hand
if i spend five hours thinking about the ribbon
if i explain to the ribbon that we'll never get along
          if i'm next to the ribbon and a ghost invades me
            if i burn crayolas and scrap them
toward the chest in my chest to feel the
pain to feel
and the ribbon hangs from my jeans

      in the car we rode for three days
         and my stuffed animal had a ribbon
      but i didn't think of its animality while i squeezed it
nor did the driver think of me
later the ribbon came apart and we put it in the trunk
in the trunk while i ate caramels
      while i visited the grand canyon

while my mother drank gringo coffee

si planifico darle un puño a un fascista y la cinta cuelga de la silla donde
   estoy sentada si me arrestan y la cinta está en casa y nadie
            la toca si el gato juega
         con la cinta pero
           el gato no es sujeto
si se come la cinta y la vomita
   si me masturbo con la cinta   si la mastico pensando cómo
           elimino el dolor de mis senos y

           cómo me desconecto
tienen razón
alguien trabajó construyendo la cinta
alguien la transportó con otras cintas
y la he usado
   pero ¿qué son estas sensualidades no utilizables?
hay cosas que no entiendo

   si me matan y en mi pecho encuentran un nido de cintas
     si me publican pero queman mi libro
       y el grupo fascista se llama la cinta
   si mi amor me ata con cintas y me flagela y me gusta
      y no hablo del atar hablo del gustar
si desaparezco con mis gustos mis memorias de cintas mis castillos
construidos de cintas posibles sin laborar un día por ella ni usarla
para regalos para moños sin pelo desaparecida

entonces, ¿la cinta sigue siendo una serie de usos
pasados y potenciales
un historial de actos
una sedimentación social?
claro
tienen razón
la cinta es todo esto
pero hay cosas que no entiendo

                raquel salas rivera

if i plan on punching a fascist and the ribbon hangs
     from the chair where i'm sitting
        if they arrest me and the ribbon
           is at home and no one touches it
            if the cat plays with the ribbon
              but the cat isn't a subject
if it eats the ribbon and vomits
     if i masturbate with the ribbon if i chew the ribbon
                   thinking how can i
                   eliminate my breast pain and

                   how do i disconnect
they're right
someone worked to make the ribbon
someone transported it with other ribbons
and i've used it
     but what are these unusable sensualities?
there are things i don't understand

     if they kill me and in my chest
        they find a nest of ribbons
           if they publish me but burn my books
             if the fascist group is called the ribbon
     if my love ties me up with ribbons
        and whips me and i like it
           and i don't mean tying   i mean liking
if i disappear with my likings my memories of ribbons
my possible ribboncastles without working one day to
make it or use it for gifts or hair-ties bald-headed and gone

then is the ribbon still a series of past and potential uses
a history of acts
a social sedimentation?
of course
they're right
the ribbon is all this
but there are things i don't understand

si tiemblo sin precedentes como si todos los huracanes
del caribe me comieran el calor y la cinta duerme
en mi falda porque quería hacer algo con ella
pero ya me olvidé como me olvido cuando el mundo se derrumba

la cinta no es un diente de oro
ni saliva ni sábila
si no puedo resucitar a mi amigo muerto
o matar a los matones
entonces ¿de qué sirve esta cinta
y sus posibilidades infinitas
si me uno a él
y en la puerta cuelgan nuestros nombres congelados?

ay pero tienen razón
no entiendo pero hay cosas que no entiendo
entierro mis manos hasta las muñecas en la tierra
destripándola
arranco piedras para los perros
se me acercan las hormigas
y las bolsas plásticas se queman en las ramas

if i tremble with no precedent as if all
the caribbean hurricanes ate my heat
and the ribbon sleeps in my lap
because i wanted to do something with it
but i already forgot like i forget when the world falls apart

the ribbon is not a gold tooth
nor saliva nor aloe
if i can't resuscitate my dead friend
or kill all the killers
then what use is this useful ribbon
and its infinite possibilities
if i join him
and our frozen names hang from door knobs?

oh but they are right
i don't understand but there are things i don't understand
i bury my hands in the earth up to my wrists
gutting it
i rip up stones for the dogs
the ants crawl closer
and plastic bags burn in the branches

buenos días ay bendito

desde mi cuero cabelludo crecen tentáculos, imperdibles, vértebras de
cielos en/tre/corta/dos por niveles / de / parking, lagunas de bases
navales.

en la nave, la protesta es un corcho encendido.

una flota de criaturas ácidas surgen del fondo superficial de una piel
(que) crecí al entender que la piel
                                        somos
el organismo vivo con mil entradas, la madera de un barco, sellada por
una fe quebrada.

en la peli una niña muerta realmente estaba dormida. su padre en duelo
la llevaba en el elevador del infierno hasta roma, donde nadie quiso
atenderlos porque eran pobres. entonces recordé que mis padres me
compraban juguetes cuando podían y, cuando no, se inventaban juegos
para que apreciara que las ramas del eucalipto son mujeres-sierpes
reencarnadas.

trata cada hoja como si fuese una rama y cada rama como si las
metáforas fuesen carne, porque la somos, porque la somos, porque la
somos.

el terror es violencia viva/violencia sentida. perdono las horas que me
robaron mi amor hacia mí misma, hacia la niña que confesó que su padre
la desarticulaba con los ojos. no supe cómo regalarle la palabra sin
traicionarnos a ambas. si pudiera hoy matar el poder le diría:
querida, nada existe en el género que no tenga el potencial de ponernos
en jaque mate o coronarnos reinas pelúas.

soy jeva tan divina como el mar y jevo tan divino como el mar y jeve tan
divino como el mar. al serlos, puedo perdonar a mis mentores por nunca
decirme que al fin lo que deseamos es que nos amen, como podríamos
ser al igual que como somos, en ambos y todos los idiomas que soñamos.

raquel salas rivera

good morning ay bendito

from my scalp grow tentacles, safety pins, sky vertebrae c/ u/ t/ u/ p by parking / levels, naval base lagoons.

on the ship, the protest is a lit cork.

a fleet of acid creatures surge from the superficial bottom of a skin i grew upon understanding we
                    are
the skin living organism with a thousand entrances, a ship's wood sealed by a broken faith.

in the film a dead girl was really asleep. her father in mourning took her down hell's elevator down to rome, where no one wanted to see them because they were poor. then i remembered my parents bought me toys when they could, and when they couldn't, they invented games so i would appreciate that the eucalyptus' branches are reincarnated women snakes.

treat each leaf like it is a branch, and each branch as if metaphors were flesh, because we are she, because we are she, because we are.

the terror is lived violence/felt violence. i forgive the hours that stole my love for myself, and my love for the girl who confessed her father disarticulated her with his eyes. i didn't know how to give her my word without betraying us both. if i could kill power today i'd say: *querida, nothing exists in gender that doesn't have the potential to checkmate or crown us pelúa queens.*

i am a jeva as divine as the sea and jevo as divine as the sea and jeve as divine as the sea. by being them i can forgive my mentors for never telling me that in the end what we want is to be loved, how we could be as well as how we are, in both and all the languages we dream.

fuera de la posibilidad, el mundo no es

triste si entendemos que lo

que prometieron cuando prepararon remedios contra el frío no eran
oposiciones, sino la integración de éstas. no es la cerrazón de mi
subjetividad: davis (ángel david), omaha (ojalá), memphis (una tortuga
en un lago artificial); sino el colapso temblante del revolú envuelto en
abanicos rotativos, un enchufe hacia lo semioscuro. nacemos y se ve que
somos la tierra prometida del agua.

fuera de la posibilidad, el mundo es

triste aún si lo entendemos.

te perdono por el daño que me hicieron, raquel y raquel y raquelita y
rachel y rocky y pedregosa. sé que sólo buscabas una puerta a ti mediante
todo. si descartabas personas volúmenes y cartografías, era para que
supieras que aquí estábamos las muchas en convenio, votando en contra
y a favor de todos, pero de alguna forma álguienes del alga y el musgo.

beyond possibility, the world isn't

sad if we understand that what

they promised when they prepared remedies against the cold were not oppositions, but rather the integration of these. is not the closures of my subjectivity: davis (ángel david) omaha (ojalá) memphis (a turtle in an artificial lake), but rather the shivering collapse of the revolú wrapped and involved in rotating fans, an outlet facing the semi dark. we're born and it's clear we're the promised land of water.

beyond possibility, the world is

sad, even if we understand.

i forgive you for the damage y'all did, raquel and raquel and raquelita and rachel and rocky and pedregosa. i know you only sought a door to you through everything. if you threw out people, volumes, and cartographies, it was in order to know that we were here the many in agreement, voting against and for all, but somehow algae and moss someones.

gigantes podridos

existe una realidad entre muchas,
en la cual no tengo capital social.
      nado con una escuela de aguavivas.
      no son escuela porque aman
coexistentes.
todavía no sé jodijeviar,
así que me pican.
no es rechazo, ni lección, simplemente reconocen
que no nos parecemos.

aunque duele   ,   a. describe el dolor,
                    y me veo bifurcada: quien hiere
y ama.

en otra realidad, soy mi gata,
quien es 30 gatos.
teme salir a comer porque
es 30 gatos y cada uno de ella
es fisura en la estructura que separa las casas en hilera.
con el tiempo, está sola.
desea un amor feroz y concentrado,
una persona y un gato.
      el espejo hará lo que 30 espejos quisieron.
existen demasiados y muy pocos.

en otredad,
      coordino el tiempo como maga.
está bien en escalas sube hasta la luna
sin necesidad de bajarla.
qué suertes tengo para repartir.

el catolicismo me dijo que la culpa me salvaría,
pero lo cuir me condujo hacia un perdón sin precedente,
sequoias y ceibas perdonándose en la tierra.

                  raquel salas rivera

rotten giants

there is a reality among many,
in which i have no social capital.
       i swim with a jellyfish school.
       they aren't a school because they love
coexistent.
i still don't know how to jodijeviar,
so they sting me.
it isn't rejection, or lesson, they simply acknowledge that
we aren't alike.

even if it hurts   ,   a. describes the pain,
                and i see myself bifurcated: one who hurts
and loves.

in another reality, i am my cat,
who is 30 cats.
she fears coming out to eat because
she is 30 cats and each one of her
is a fissure in the structure that separates rowhouses.
with time, she is alone.
she wants a fierce and concentrated love,
a person and a cat.
       a mirror will do what 30 mirrors tried.
there are too many and too few.

in otherness,
       i coordinate time like a mage.
it's ok in layovers climbs up to the moon
without having to bring it down.
what lucks i have for sharing.

catholicism told me guilt would save me,
but queerness led me to a forgiveness without precedent,
sequoias and ceibas forgiving each other in the earth.

en esta realidad, las mónadas se extienden
      sin fronteras
y sus vidrios se ríen como ventanas
quebradas por revoluciones.

in this reality monads stretch out
       without borders
and their shards laugh like windows
broken by revolutions.

peleo con mi novia porque
los fascistas me quieren matar

inicialmente pienso que peleamos por hambre,
porque buscó las pastillas y las puse en el horno.
tuve que cuidar a mi madre a los 14 años
cuando lloraba como alicia.
llegamos a la cima del yunque
para ver sólo viento y agua.

tengo una lista de razones en el bulto.
razones para odiarte y a todos por extensión:

      quinta razón:

acá mis amistades acumulan hormonas;
allá mis amistades llevan años robándole al estado que les robó
recursos que no existen.

      duodécima razón:

siento rabia hacia mis amigos blancos,
      a quienes no les importa la imposición de la junta,
          para quienes esta es la primera dictadura.
      les estoy llorando la rabia que siento hacia mi novia,
          pero la suelto porque me preocupa su ternura.

razones misceláneas:

no puedo respirar en los sótanos.
las cartas codificadas se leen con metrónomo.
este pecho//rabia//tinta discordante.
el fascismo no es nuevo.
      el fascismo vivía en condado.
          el fascismo me restregó la cara en la arena
            cuando llegó a estas playas.

i fight with my girlfriend because
the fascists want me dead

i initially think we fight out of hunger,
because she looked for the pills and i put them in the oven.
i had to take care of my mother at 14
when she cried like alice.
we reached el yunque's peak
to see only water and wind.

i have a list of reasons in my bag.
reasons to hate yourself and all others by extension:

      fifth reason:

here my friends hoard hormones,
there my friends spent years stealing from the state that stole their
resources, which don't exist.

      twelfth reason:

i feel rage towards my white friends,
      who don't care about the imposition of the control board,
         for whom this is the first dictatorship.
      i'm crying at them the rage i feel toward my girlfriend,
         but i let it go because i'm worried about their sweetness.

miscellaneous reasons:

i can't breathe in basements.
the codified letters are to be read with a metronome.
this chest//rage//discordant ink.
fascism isn't new.
      fascism lived in condado.
         fascism pushed my face into the sand
           when it reached our beaches.

qué importa es el lema del fascismo.
qué importa que en puerto rico bajen el salario mínimo.
qué importa que toda tu gente muera lentamente.
el fascismo es tan no-nuevo, que no conozco la diferencia
entre la rabia que siento y la rabia que sentí.

le peleo a mi novia porque abrió la ventana y hace frío.
      le peleo porque hace frío y no estoy en puerto rico.
le peleo porque la luz de la lámpara es demasiado fuerte.
      le peleo porque no es del sol de río piedras.

los fascistas nos quieren matar.
ninguna lo dice porque es obvio
como decir *el capitalismo es la fuente de todos nuestros problemas.*
es tan obvio que nos olvidamos,
o queremos olvidarlo porque destruirlo se siente imposible
cuando apenas vivir es tanto.

le peleo a mi novia porque se olvida del nombre
de mi amiga boricua
y porque estoy cansada.
me automedico con poemas.
realizo rituales de renacimiento.
le peleo porque amo demasiado para estos tiempos,
porque el amor es un recurso elemental,
pero nunca más elemental que la defensa propia,
que es el amor más amor de todos los amores.

peleamos porque son las 12,
porque no pasa un día que no nos dé miedo,
porque todos los cruzacalles leen *enemigo,*
porque cualquier hombre blanco podría estar armado,
porque soy boricua y me graban las conversaciones,
porque es judía y lleva números en la sangre,
porque están organizados los fascistas
para matarnos.

who cares is fascism's motto.
who cares if the minimum wage goes down in puerto rico.
who cares if all your people die slowly.
fascism is so not-new, that i don't know the difference
between the rage i feel and the rage i felt.

i fight with my girlfriend because she opened the window
and it was cold.
       i fight with her because it's cold and i'm not in puerto rico.
i fight with her because the lamplight is too strong.
       i fight with her because it isn't the río piedras sun.

the fascists want us dead.
neither one of us says it because it's obvious,
like saying *capitalism is the root of all our problems.*
it's so obvious we forget,
or we want to forget because destroying it feels impossible,
when barely living is too much.

i fight with my girlfriend because she forgets
my boricua friend's name
and because i'm tired.
i self-medicate with poems.
i do rebirth rituals.
i fight with her because i love too much for these times,
because love is an elemental resource,
but never as elemental as self-defense,
which is the most love of all the loves.

we fight because it's 12,
because a day doesn't pass where we aren't afraid,
because all the cross streets read *enemy,*
because any white man could be armed,
because i am boricua and they record my conversations,
because she is jewish and carries numbers in her blood,
because the fascists are organized
to kill us.

son cosas obvias, cosas que sabemos,
cosas que repercuten.

muchos teóricos dicen que el trauma es vivir a destiempo.
la velocidad de la pista del sonido
no cuadra con las imágenes.
mi boca tampoco dice lo que quiere mi cara;
las palabras salen raudas e hirientes
como si no la reconociera.
creo que el trauma es más
          como si le pusieran la pista a otra serie,
                como si yo hablara por ella
y ella hablara por los fascistas.
es tan obvio que no son sus palabras,
es tan obvio, como decir
el capitalismo es la fuente de todos nuestros problemas,
o no podemos pelear si estamos muertas.

these are obvious things, things we know,
things that reverberate.

many theorists say trauma is time out of joint.
the audiotrack speed
doesn't match the images.
my mouth also doesn't say what my face wants;
the words come out too fast and hurtful,
as if it didn't recognize her.
i think trauma is more like
        they put the audiotrack on another series,
            as if i spoke for her
and she spoke for the fascists.
it's so obvious those aren't her words
it's so obvious, like saying
capitalism is the root of all our problems
or we can't fight if we are dead.

una puerta que no cierra
porque se expandió la madera

X

¿chloë, dónde están los poemas?
se me esconden
entre las ramas del sofá.
 la tierra es un árbol lleno de poemas
 como hongos del aire.

el carpintero le pide al leñador
 que traiga madera
 para construir un país,
y los poemas son deforestación.

todos dicen *vamos a escribir,*
 tenemos que escribir,
 los poetas somos visionarios.

las palabras están en la madera,
 pero el poema está en el árbol.

le pregunté a x si quiere
 beber de este pentagrama
 bendito.

XX

me mataron los poemas.
me los escondieron como ramilletes
dentro de los juguetes,
como calcomanías al fondo
del baúl rojo.

lloré con mi amiga
 que lloraba,

a door that won't close
because the wood has expanded

for chloë

x

chloë, where are the poems?
they hide from me
among the sofa's branches.
        the earth is a tree full of poems
                like mushrooms of the air.

the carpenter asks the woodsman
        to bring wood
        to build a country,
and the poems are deforestation.

everyone says *let's write,*
                we have to write,
                the poets are visionaries.

the words are in the wood,
        but the poem is in the tree.

i asked x if she wants
        some of this holy
                pentagram.

xx

they killed my poems.
they hid them in my toys
like bouquets,
like stickers at the bottom
of the red chest.

i cried with my friend
        who cried,

x / ex / exis

87

y, por primera vez,
no era mi amiga,
        aunque lloraba.

xxx

los padres nos abandonaron en el bosque,

y es mejor así.

chloë, el fuego no simboliza mi odio.
la ruptura no es domesticable.
el poder que ejecuto
matará a los pescadores
porque sabemos que el mar
        porque sabemos

xxxx

los poetas que leo
se están muriendo
como el alga marina.
digo que se están muriendo
porque sus fantasmas
viven en los árboles,
y los hombres
están cortándolos
con hachas modelo xxx
para construir un país.

si matas un fantasma,
matas la poesía.
(las brujas dicen que tengo razón.)
si matas 2 fantasmas,
matas la poesía.

esta palabra es plural.

raquel salas rivera

and, for the first time,
i was not my friend,
        though i cried.

the fathers abandoned us in the forest,

and it's better that way.

chloë, the fire doesn't symbolize my hatred.
the rupture is not domesticable.
the power i execute
will kill the fishermen
because we know that the sea
        because we know

the poets i read
are dying
like the kelp.
i say they are dying
because their ghosts
live in the trees,
and the men
are cutting them down
with model xxx axes,
in order to build a country.

if you kill a ghost,
you kill poetry.
(the witches say i'm right.)
if you kill 2 ghosts,
you kill poetry.

this word is plural.

fui a la fundición de carbón,
y meé en el patio
de los colonizadores,
quienes murieron de malaria
por ser puercos europeos.

amén.

te amo, xx,
porque naciste en dakota del norte,
y porque siembras fantasmas en el frío.

bob ross es un manipulador/
      escorpio/
      figura paterna.
mezclo veneno en sus tubos de pintura,
y cuando usa sus manos,
asesino a todos los padres.

la historia no nos redime.
la academia no nos reconoce.
la iglesia no nos ama.
la familia no nos alberga.
la escritura no nos recuerda.
el estado no nos rescata.
el dinero no nos une.

nuestra realidad es más rica que el lenguaje.

i went to the coal foundry,
and i pissed in the backyard
of the colonizers
that died of malaria
because they were nasty europeans.

amen.

i love you, xx,
because you were born in north dakota,
and because you plant ghosts in the cold.

bob ross is a manipulator/
          scorpio/
          paternal figure.
i mix poison in his paint tubes,
and when he uses his hands,
i kill all the fathers.

history will not redeem us.
academia will not acknowledge us.
the church does not love us.
the family will not protect us.
writing will not remember us.
the state will not rescue us.
money will not join us.

our reality is richer than language.

chula, tenemos que
cremar las nubes
hasta que lluevan cenizas
en nuestro pelo,
y nos pongamos viejitas
antes de tiempo.

debemos
(quizás no tenemos que)
seguir el curso de la realidad,
red de aire
que nos adjunta,
grapadora invisible,
escalera de legos.

vinieron los hombres a jodernos la vida,
y matar los poemas.
qué aborrecibles,
como los cargos
con sus emblemas,
pero, chloë, los poemas
son menos que nosotras,
y más que el país
por el cual son sacrificados.

volveremos a colgarlos
de todas las ventanas,
las piedras
y los columpios:
petroglíficos
en el furor.

chula, we have to
cremate the clouds
until it rains ashes
on our hair,
and we become old
before our time.

we should
(perhaps not have to)
follow reality's course,
the web of air
that attaches us,
an invisible stapler,
a lego ladder.

the men came to fuck with our lives,
and kill the poems.
how abhorrent,
like cargos,
with their emblems,
but, chloë, the poems
are less than us,
and more than the country
for which they are sacrificed.

we will hang them again
from the windows,
the stones,
and the swings:
petroglyphic
in the fury.

raquel salas rivera

raquel salas rivera

aquel Salas Rivera (Mayagüez, 1985) es poeta, traductora y crítica
literaria puertorriqueña. En el 2010, ganó el Primer y Segundo Pre-
mio en la categoría de Poesía en el Decimosexto Certamen Literario
de la Universidad Politécnica de Puerto Rico, al igual que el Primer Premio
en el Certamen de Poesía del Festival Cultural Queer del Recinto Universi-
tario de Mayagüez. En el 2018, fue nombrada Poeta Laureada de la ciudad de
Filadelfia del 2018-19. Fue la recipiente inaugural del Premio Ambroggio
(2018) y la Beca de Laureada (2019), ambos de la Academia de Poetas
Americanos. En el 2019, ganó el Premio Nuevas Voces del Festival de la
Palabra de Puerto Rico. También recibió becas del Instituto Sundance, el
Centro Kimmel para las Artes Performáticas, el Centro de Poesía de Ari-
zona y CantoMundo.

Del 2016 a 2018, sirvió de co-editora para la revista literaria *The
Wanderer*. En el 2017, co-editó una serie bilingüe de volantes de poe-
tas puertorriqueños contemporáneos que luego fueron reunidos en la
antología *Puerto Rico en mi corazón*.

Cuenta con la publicación de siete plaquetas y cinco poemarios. Sus
primeros dos libros, *Caneca de anhelos turbios* (Editora Educación Emer-
gente) y *tierra intermitente/intermittent land* (Ediciones Alayubia), fueron
publicados en Puerto Rico. Su tercer libro, lo terciario/the tertiary, fue
finalista para el Premio Nacional del Libro del 2018 y ganó el Premio
Literario Lambda a una obra de poesía transgénero del 2018. Su cuarto
poemario, *while they sleep (under the bed is another country)*, fue publicado
por Birds, LLC, en el 2019. *x/ex/exis* es su quinto poemario. Recibió su
Doctorado en Literatura Comparada y Teoría Literaria de la Universidad
de Pensilvania. Vive y trabaja en Puerto Rico.

about the author

Raquel Salas Rivera (Mayagüez, 1985) is a Puerto Rican poet, transla-
tor, and literary critic. In 2010, they won First and Second Place for
Poetry in the Polytechnic University of Puerto Rico's Sixteenth Liter-
ary Contest, as well as First Place in the University of Puerto Rico's Queer
Literature Contest. In 2018, they were named the 2018-19 Poet Laureate
of Philadelphia. They are the inaugural recipient of the Ambroggio Prize
and the Laureate Fellowship, both from the Academy of American Poets.
In 2019, they won the New Voices Award from Puerto Rico's Festival de
la Palabra. They have also received fellowships and residencies from the
Sundance Institute, the Kimmel Center for Performing Arts, the Arizona
Poetry Center, and CantoMundo.

From 2016 to 2018, they co-edited the literary journal *The Wanderer*.
In 2017, they co-edited a series of bilingual broadsides by contemporary
Puerto Rican poets, which were later collected in the *Puerto Rico en mi
corazón* anthology.

They are also the author of seven chapbooks and five full-length poetry
books. Their first two books, *Caneca de anhelos turbios* (Editora Educación
Emergente) and *tierra intermitente/intermittent land* (Ediciones Alayubia),
were published in Puerto Rico. Their third book, *lo terciario/the tertiary*, was
on the 2018 National Book Award Longlist and won the 2018 Lambda Liter-
ary Award for Transgender Poetry. Their fourth book, *while they sleep (under
the bed is another country)*, was published by Birds, LLC, in 2019. *x/ex/exis*
is their fifth book. They received their PhD in Comparative Literature and
Literary Theory from the University of Pennsylvania. Raquel lives and works
in Puerto Rico.